Zauberlehrling
3

Richtig schreiben

Herausgegeben von Ute Steinleitner
Illustriert von Markus Grolik

Vereinfachte Ausgangsschrift

Diesterweg

Inhalt

Das bedeuten diese Zeichen:

Halte dich an Amandas sechs Aufschreibregeln von Seite 6.

Schreibe die Aufgaben in dein Schreibheft.

ABC Die bei diesem Zeichen grün geschriebenen Wörter sind Merkwörter, die du besonders üben musst.
Suche sie im Merkwörter-ABC auf den Seiten 71 bis 74 und umkreise die grünen Aufpass-Stellen gelb.

Bei diesen Aufgaben sollst du eigene Sätze schreiben.

ABC

1 Ordne die Wörter nach dem ABC richtig ein.

Familie – Juni – Abend – Ohr – Quadrat – zählen – Herbst – weiß – Sonntag

______ Bus Clown Dienstag essen ______

Geld ______ immer ______ Kleid Licht März

nehmen ______ Preis ______ Radio ______

Tier Uhr verstehen ______ Xaver Yvonne ______

2 Was gibt es heute zum Essen? Schreibe die vergessenen Buchstaben des Alphabets in der richtigen Reihenfolge auf die Striche. Wie heißen die Lösungswörter?

_ _ _ _ _ _
1 2 3 4 5 6

Ordne die Buchstaben ein:

5	4	2	3	1	6

_ _ _ _ _ _ _ _
1 2 3 4 5 6 7 8

8	6	4	1	8	2	5	7	1	3	1	8

3 Ordne die Wörter nach dem ABC.

Heft – Name – Computer – sitzen – Bleistift – jeder – vier – essen – Unterricht – Märchen – antworten – Zahl – danke – rechnen – Füller – quatschen – wir – Klasse – Tafel – Igel – Ostern – Geld – Platz – Lexikon

 ISBN 3-425-01226-6

1 Ordne jeden Wörtersack nach dem Alphabet.

2 Suche die Nachbarn der Wörter aus der Wörterliste.

bevor — März — wie — Zeitung

3 Nummeriere die Wörter nach dem ABC.
Übermale die Buchstaben in jeder Spalte farbig, die beim Ordnen geholfen haben.

(1) backen	( ) Brot	( ) schwarz	( ) verlieren
( ) Bahn	(1) braun	( ) Schlitten	( ) verstehen
( ) Bart	( ) Brezel	(1) Schiff	( ) verkleiden
( ) basteln	( ) Bruder	( ) Schokolade	( ) verraten
( ) bald	( ) bringen	( ) schnell	(1) vergessen

 ISBN 3-425-01226-6

Aufschreibtraining

1 Lies die Wörter genau. Übermale die Aufpass-Stellen gelb und sprich dazu.

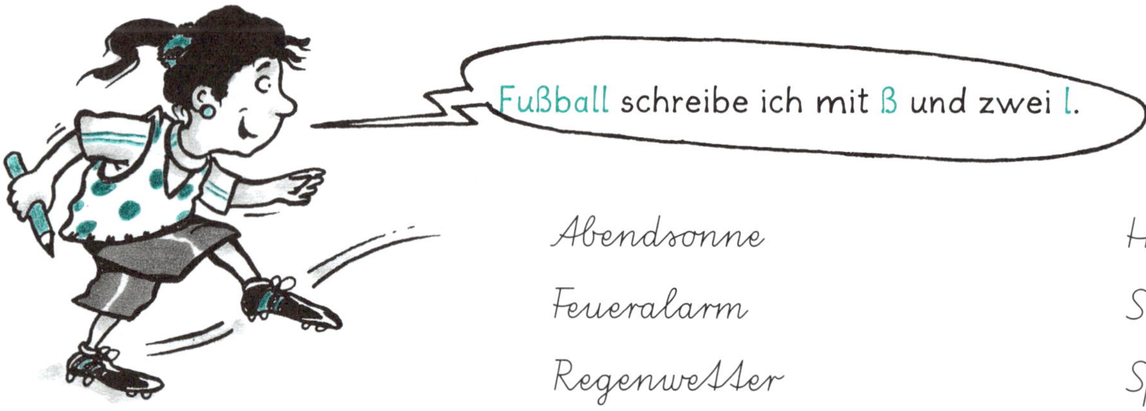

Abendsonne
Feueralarm
Regenwetter
Nachmittag
Schneefall
Thermometer

Handschuhe
Stofftier
Spielzeug
Briefträger
Freundinnen
Wohnungstür

Fußball
Papierkorb
Haarbürste

2 Arbeite mit den Wörtern von Aufgabe 1, wie Amanda es dir von 3 bis 6 erklärt hat.
Wenn du einen Fehler entdeckst, radiere aus und schreibe das Wort mit deiner Lieblingsfarbe fehlerfrei auf.

3 Arbeite mit den Wörtern wie bei Aufgabe 1.

November	Aprilwetter	Junikäfer	Apfelbäume
Ringfinger	Sonnenschein	Wassertropfen	Busfahrer
Gartenbank	Klassentür	Verkehr	Krankenhaus
Fensterbrett	Blumenwiese	Luftballon	Dezembertag

4 Arbeite mit den Wörtern von Aufgabe 3 nach der Anweisung 3 bis 6.

© Diesterweg ISBN 3-425-01226-6

1 Arbeite mit jedem Sinnschritt so, wie du es beim Aufschreibtraining gelernt hast. Decke den Text beim Aufschreiben (Schritt 5) ab.

Ein neues Schuljahr|

Nun sind wir schon|

in der dritten Klasse.|

Die Lehrerin teilt|

neue Bücher aus.|

Wir lernen|

viele neue Sachen.|

Jeder aus der Klasse|

kann etwas|

ganz besonders gut.|

2 Übe mit dem Text wie bei Aufgabe 1. Schreibe jedoch ins Heft.

Im Herbst|

Im Monat September| beginnt der Herbst.| Die Sonne steigt| nicht mehr so hoch.| Die Tage werden kürzer.| Viele Vögel fliegen| jetzt in den Süden.| Im Garten wird| das Gemüse geerntet.| Der Herbst| schenkt uns| Äpfel und Birnen,| Kastanien und Nüsse.|

© Diesterweg ISBN 3-425-01226-6

Mitsprechwörter

1 Sprich die Wörter so deutlich, dass du jeden Laut hörst.

beobachten	Geburt	Dörfer	gut	Tulpe
erlauben	antworten	Regen	Februar	Schule
Beruf	Augen	Woche	schön	Januar
	erwarten	Juli	Banane	

2 Decke die Wörter von Aufgabe 1 ab und lass sie dir von einem Partner diktieren.

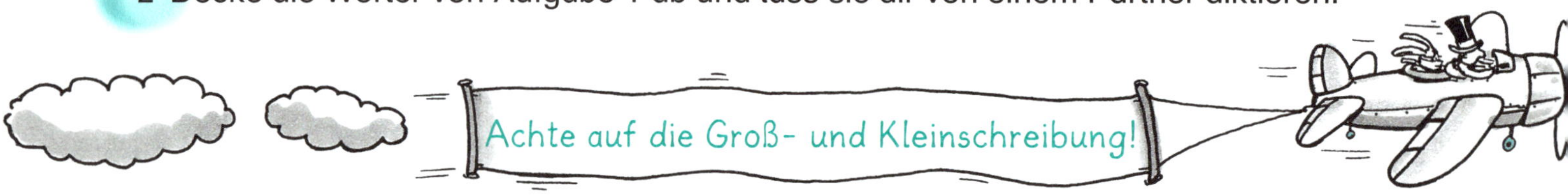

3 Wenn du genau sprichst, kannst du auch diese Wörter fehlerfrei aufschreiben.

1 Sprich die Wörter in Silben und male die Silbenbögen auf. Klatsche dazu.

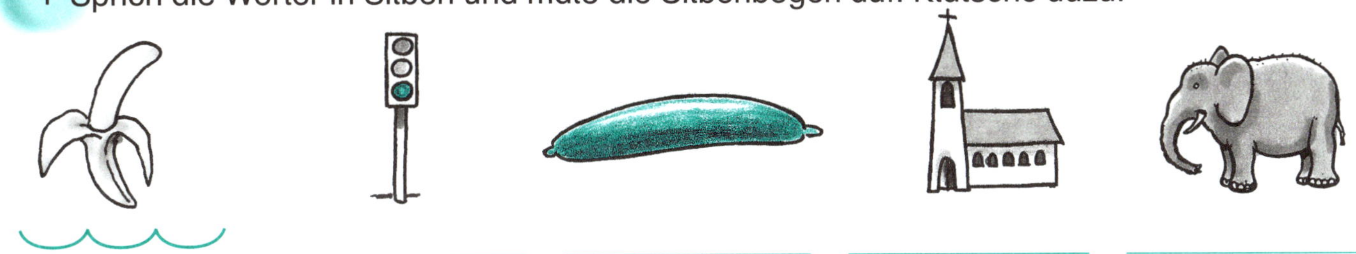

2 Sprich die Wörter ganz deutlich, sodass man jeden Laut hören kann.

Meter - Post - Paket - Gemüse - Pause - Wut - Gabel - Markt - Minute - Aufgabe
Natur - Stirn - Hotel - Monate - Lampe - Regenschirm - Lineal - Saft - Ferien - Lupe
Arm - Fischmarkt

3 Ordne die Namenwörter von Aufgabe 2 nach der Silbenanzahl. Sprich leise mit.

einsilbig: ______________________

____

zweisilbig: ______________________

____

dreisilbig: ______________________

____

4 Lass dir die Wörter von Aufgabe 2 diktieren.
Du kannst die Wörter auch an deinem Computer schreiben.

© Diesterweg ISBN 3-425-01226-6

Merkwörter

1 Unterstreiche die Namenwörter in der Wörterliste und schreibe sie fehlerfrei auf.

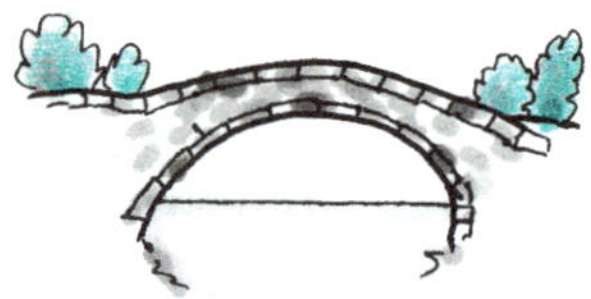

2 Markiere die Aufpass-Stellen in jedem Wort gelb und sprich dazu:
„Löffel schreibe ich mit zwei f. Käfig …"

3 Arbeite mit der ABC-Liste: Boot, Brücke, Käfig, Löffel, Stuhl

4 Auch bei diesen Merkwörtern musst du dir die Schreibweise gut einprägen.
Markiere die Aufpass-Stellen gelb und sprich dazu: „Baby schreibe ich mit y. …"

Baby - grüßen - See - Gott - Christ - rollen - Mai - Müll
Haare - wohnen - Sonntag - Clown - Mädchen

5 Schreibe die Wörter nach dem ABC geordnet auf.

6 Arbeite mit den Wörtern von Aufgabe 4 in der ABC-Liste.

1 Übe mit den Wörtern der Aufgabe 1 von Seite 10 das richtige Aufschreiben.

2 Schreibe mit jedem Wort der Aufgabe 1 von Seite 10 einen Satz.

3 Kannst du die auf Seite 10 geübten Merkwörter auswendig aufschreiben?

4 Wörter haben Verwandte. Verbinde und male die gleichen Aufpass-Stellen gelb an.

grüßen | Wohnung | christlich | Gruß | rollen | Christ
Sonntag | Roller | wohnen | Sonne

5 Schreibe die verwandten Wortpaare von Aufgabe 4 auf.

© Diesterweg ISBN 3-425-01226-6

Namenwörter

1 Markiere die Aufpass-Stellen gelb und ordne die Namenwörter in den richtigen Turm ein.

Hund - Moos - Flugzeug - Lehrer - Tanne - Katze - Fernseher - Fichte - Mädchen Vogel - Klee - Kuh - Junge - Computer - Fuchs - Korb - Eule - Strauch - Eltern Boot - Arzt - Käfer - Kastanie - Pferd - Fahrer - Magnet - Bett - Clown - Hemd Hecke - Bäcker - Kiefer

1 Finde die im Gitterrätsel versteckten Namen für Menschen. Fahre die Wörter farbig nach und schreibe sie dann auf.

X	B	E	S	K	F	N	B	R	U	D	E	R
M	Ä	D	C	H	E	N	B	N	G	X	L	A
L	C	U	H	F	G	A	R	L	E	U	T	E
E	K	S	W	A	H	C	I	O	M	U	E	C
H	E	X	E	V	E	H	E	P	A	A	R	K
R	R	Ü	S	I	R	B	N	E	N	S	N	I
E	S	S	T	F	R	A	U	S	N	E	B	N
R	D	I	E	B	A	R	C	E	T	R	E	D
B	R	S	R	U	L	G	O	N	K	E	L	R

senkrecht:

waagerecht:

2 Setze die Silben zusammen und schreibe die Wörter auf.

Bril fig Han dy xi Tas cke tung

Kä le Bet Ta ten Zei Ja se

3 Arbeite mit der ABC-Liste: Handy, Taxi

4 Präge dir immer ein Reimpaar ein und schreibe es auswendig auf.

Berge - Köpfe - Stämme - Mützen - Hände - Kannen - Steine - Kämme
Wände - Beine - Zwerge - Töpfe - Tannen - Pfützen

Alles hat einen Namen: Berge und Zw...

1 Markiere die Aufpass-Stellen und ordne die Namenwörter nach Einzahl und Mehrzahl.

Fluss - Gänse - Burg - Kamm - Länder - Lieder - Pass
Stamm - Wälder - Reh - Krieg - Flugzeuge - Kühe

Einzahl

ein Fluss, ein

Mehrzahl

viele Gänse, viele

2 Setze die Wörter von Aufgabe 1 in die Mehrzahl bzw. in die Einzahl.

Mehrzahl: viele Flüsse,

Einzahl: eine Gans,

© Diesterweg ISBN 3-425-01226-6

1 Suche aus deiner Wörterliste jeweils vier passende Namenwörter in der Einzahl heraus. Trage sie ein.

der	die	das

2 Der Begleiter in der Mehrzahl ist immer **die**. Setze die Namenwörter in die Einzahl und ordne sie ohne Begleiter richtig ein.

die Lehrerinnen - die Bleistifte - die Lesebücher - die Bilder - die Farbkästen
die Mappen - die Kinder - die Blöcke - die Stühle - die Zeugnisse - die Aufgaben
die Rechnungen - die Lineale - die Füller - die Noten

der	die	das
Bleistift		

© Diesterweg ISBN 3-425-01226-6

1 Markiere die Aufpass-Stellen und ordne die Namenwörter richtig ein.

Angst - Brücke - Freude - Schall - Diskette - Laub - Spaß - Maschine
Pilz - Durst - Geruch - Straße - Vase - Glück - Hitze - Theater - Fleiß

Namenwörter (anfassen, sehen)	Namenwörter (hören, riechen, fühlen, vorstellen)
Brücke,	Angst,

2 Aus Tunwörtern kannst du Namenwörter bilden.
Fahre den Großbuchstaben des Namenwortes mit deiner Lieblingsfarbe nach.
Vergiss den Begleiter nicht.

bremsen	die Bremse	fragen	
pflanzen		spritzen	
grüßen		quälen	
blicken		drücken	
reisen		schreien	
streiten		blitzen	

© Diesterweg ISBN 3-425-01226-6

1 Achtung, die Namenwörter-Maschine ist in Betrieb! Sie macht aus Tunwörtern und den Wortbausteinen **-ung** und **-er** Namenwörter. Schreibe sie auf.

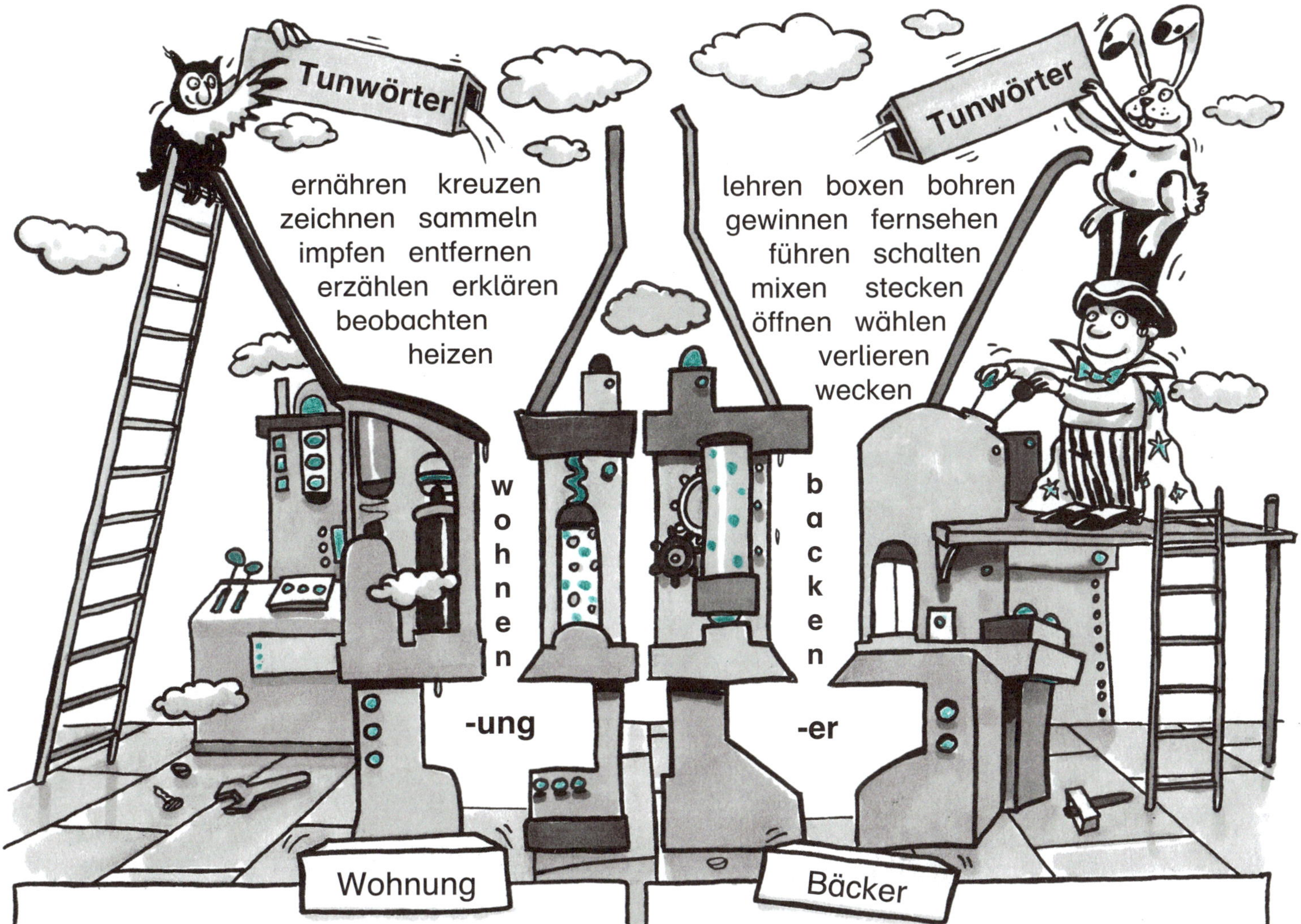

Wohnung	Bäcker
Wohnung,	*Bäcker,*

© Diesterweg ISBN 3-425-01226-6

Zusammengesetzte Namenwörter

1 Welche beiden Wolken müssen zusammenstoßen, damit sie ein zusammengesetztes Namenwort ergeben? Schreibe wie im Beispiel auf.

Hand Bett Kaffee Herbst

Tasse Schuhe Sturm Decke

Hand + Schuhe →

2 Hier kannst du Namenwörter mit Tunwörtern zusammensetzen.

Denke daran: Zusammengesetzte Namenwörter schreiben wir immer groß.

sitzen, stehen, spielen > Platz

spülen, nähen, bohren > Maschine

schwimmen < Weste, Bad, Lehrer

© Diesterweg ISBN 3-425-01226-6

1 Hier kannst du Namenwörter mit Wiewörtern zusammensetzen.
Mit jedem Bild entstehen zwei zusammengesetzte Namenwörter. Schreibe sie auf.

grün bunt

hoch kühl

groß klein

weiß schwarz

Grünspecht,

2 Vom Vogelhaus zum Gabelstapler. Die Bilder geben dir immer das nächste Wort vor.

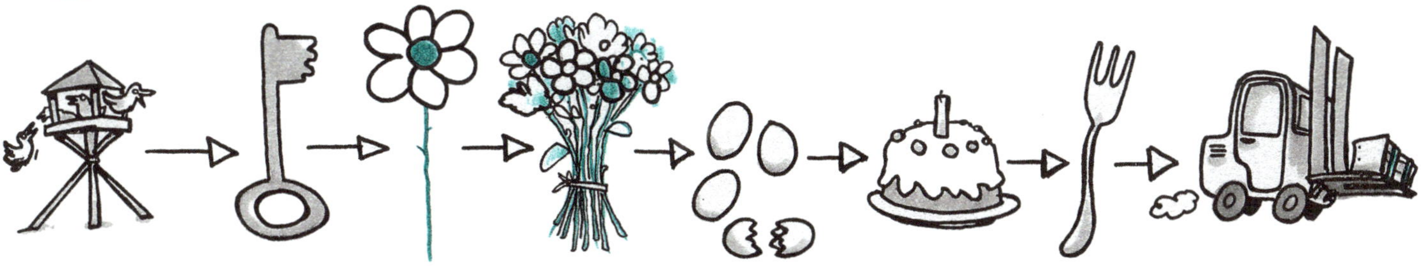

Vogelhaus → Haus →

→ → →

→ → Gabelstapler

3 Aufgepasst, Fugen-s! Manchmal schiebt sich ein **s** zwischen zwei Wörter, damit man das zusammengesetzte Wort besser sprechen kann. Verbinde und schreibe auf.

Geburt · Advent · Weihnachten · Unterricht · Gesicht · Monat

Kranz · Tag · Film · Baum · Namen · Creme

© Diesterweg ISBN 3-425-01226-6

Tunwörter

1 Schreibe das passende Tunwort zum Bild.

füttern - wählen - sammeln - rudern - schneiden - schütteln

2 Male die Tunwörter, die das Gegenteil ausdrücken, mit der gleichen Farbe an.

frieren erlauben gewinnen einpacken

öffnen auspacken verlieren schwitzen verbieten schließen

3 Präge dir immer ein Wortpaar von Aufgabe 2 ein und schreibe es auswendig auf.

4 Wähle von Aufgabe 2 Tunwörter aus und schreibe Sätze.

1 Sprech- und … unterscheiden sich. Die Grundform hilft dir
beim Richtig…

du zeigst
er zeigt

du fliegst ____
er fliegt

du lügst ____
er lügt

du ____
er ____ → leben

du ____
er ____ → schieben

2 Schreibe die G… …nnt auf.

sie küsst → ____
er rennt → ____
es passt → ____
ihr trefft → ____

du stellst → ____
es stimmt → ____
ihr vergesst → ____
es beginnt → ____

3 Bilde die Grundf… …t du das **a**.

er fängt → ____
du hältst → ____
sie fällt → ____
er bläst → ____

er lässt → ____
du wäschst → ____
sie trägt → ____
du schlägst → ____

Tunwörter

© Diesterweg ISBN 3-425-01226-6

1 Schreibe die Tunwörter in der Gegenwart auf und kontrolliere mit der Wörterliste.

treffen

nehmen

lesen

er ______

sie ______

er ______

essen

geben

fernsehen

sie ______

er ______

er ______

2 Suche dir Bilder von Aufgabe 1 aus und schreibe Sätze auf.

______

______

______

______

3 Arbeite mit der ABC-Liste: essen - isst, nehmen - nimmt, treffen - trifft

4 Hier kannst du mit den Wörtern Sätze bilden.

 ISBN 3-425-01226-6

1 Trainiere die Formen der Vergangenheit.

Markiere 👁	Schreibe auf:	Suche die Grundform aus der Wörterliste:	Decke Spalte 1/2 ab und bilde zur Grundform die Vergangenheit:
begann			
biss			
floss			
fuhr			
fraß			
ließ			
gewann			
riss			
rannte			
wusste			

2 Arbeite mit der ABC-Liste: essen - aß, beginnen - begann, beißen - biss, fahren - fuhr, fließen - floss, fressen - fraß, gewinnen - gewann, lassen - ließ, nehmen - nahm, reißen - riss, rennen - rannte, wissen - wusste

 ISBN 3-425-01226-6

Auslautverhärtung

1 **d** oder **t**? Bilde zuerst die Mehrzahl, dann hörst du den richtigen Laut für die Einzahl.

Mehrzahl	**Einzahl**	**Mehrzahl**	**Einzahl**
______	← Stran____	______	← Boo____
______	← Bran____	______	← Wal____
______	← Fahrra____	______	← Lie____
______	← Arz____	______	← Pake___

2 Schreibe die Namenwörter unter die Bilder. Denke an Fridolins Tipp.

  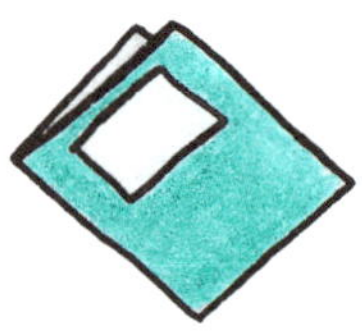  

______ ______ ______ ______ ______

3 **d** oder **t**? Verlängere die Wörter, setze sie ein und ergänze die fehlenden Buchstaben.

frem☐ → Der ______ Mann fragt nach dem Weg.

blin☐ → Die ______ Frau tastet mit dem Stock.

bun☐ → Der ______ Ball rollt über die Straße. 

wil☐ → Im Zoo siehst du ______ Tiere.

spä☐ → Ich nehme den ______ Zug. 

© Diesterweg ISBN 3-425-01226-6

1 **g** oder **k**? Bilde zuerst die Mehrzahl, dann hörst du den richtigen Laut für die Einzahl.

Mehrzahl	Einzahl	Mehrzahl	Einzahl
______	← Ausflu____	______	← Zu____
______	← We____	______	← Bur____
______	← Ban____	______	← Krie____
______	← Werkzeu____	______	← Schran____
______	← Ber____	______	← Fabri____
______	← Geschen____	______	← Käfi____
______	← Ta____	______	← Geträn____

2 Vorsicht! Wir hören **p** und schreiben **b**. Sprich die Wörter in der Mehrzahl, bevor du sie in der Einzahl aufschreibst.

______ ______ ______ ______

3 Das **b** wird durch das Verlängern hörbar. Setze ein.

gel**b** → Das ______ Kleid steht dir gut.

lie**b** → Ein ______ Kind hilft den Eltern.

hal**b** → Lisa isst nur eine ______ Pizza.

Betrie**b** → Am Stadtrand gibt es viele neue ______ .

trü**b** → Das ______ Wasser am Strand kommt von den Algen.

4 Übe mit den Sätzen von Aufgabe 3 das richtige Aufschreiben.

© Diesterweg ISBN 3-425-01226-6

1 Es gibt ein-, zwei- und mehrsilbige Wörter. Sortiere sie richtig ein.

grüßen, Kreuz, Brief, Wandtafel, ordnen, Block, laut, Schülerin, Gang, Ferien, Mappe, Spitzer, Lineal, Lehrerin, Kreide

einsilbige Wörter	zweisilbige Wörter	mehrsilbige Wörter

2 Die Marktfrau hat die Silben vertauscht. Schreibe ihre Angebote richtig auf.

1 Sprich die Wörter langsam und deutlich und zeichne auf deinem Tisch die Silbenbögen mit.

Hit ze, Spie gel, fer tig, rei ßen, bo xen, Rit ter, Han dy, Zei tung,
durs tig, är gern, drau ßen, Eu ro pa, Ver schmut zung, Ge schäf te

2 Zerlege die Wörter von Aufgabe 1 in Silben.

Hit - ze,

3 **sch**, **ch** und **ck** bleiben beim Trennen zusammen. Setze die Puzzle-Teile aneinander.

Stü | sche | Ma | dre | chen | cke | schi
Wä | cken | De | tro | la | cke | ne | ckig

4 Sprich die Wörter langsam und deutlich und zerlege sie in Silben.

Theater - bisschen - bequem - Erlebnis - eigentlich - Höhe - ändern - ungefähr
Süßigkeit - tausend - verbrauchen - Taxi - entgegen - wichtig

© Diesterweg ISBN 3-425-01226-6

1 Hier kannst du Namenwörter mit **Sp** bilden. Schreibe sie auf.

2 Welche Luftballons von Aufgabe 1 und 2 ergeben sinnvolle zusammengesetzte Namenwörter? Schreibe einige auf.

© Diesterweg ISBN 3-425-01226-6

3 In dieser Buchstabenschlange sind Wörter versteckt, die von sprechen kommen. Schreibe sie auf. Achte auf die Groß- und Kleinschreibung!

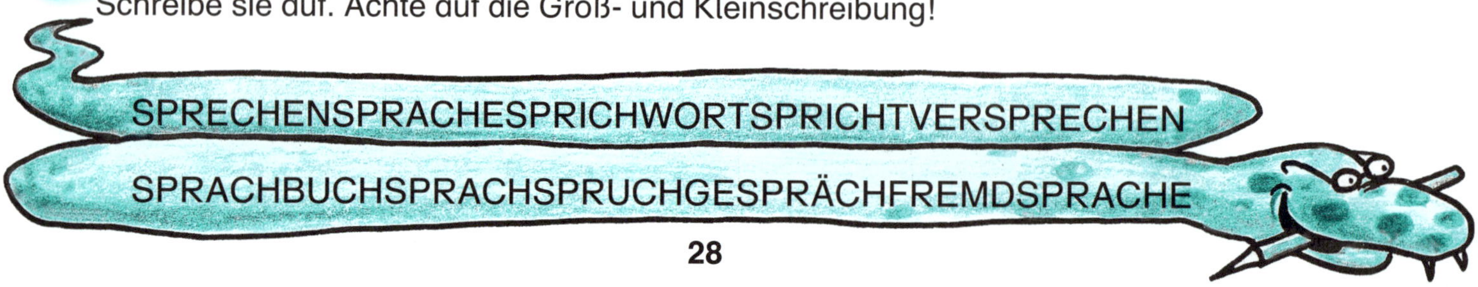

1 Ergänze die fehlenden Anfangsbuchstaben und sprich die Wörter.

2 Schreibe die Namenwörter mit ihren Begleitern auf.

3 Mit welchen Wörtern von Aufgabe 1 kannst du diese Wörter zusammensetzen?

Blumen - Sonne - Knie - Haupt - Zebra   Nadel - Leitung - Ballen

4 Aus welchen Namenwörtern der Aufgabe 1 kannst du Tunwörter bilden? Schreibe sie auf.

stricken,

© Diesterweg ISBN 3-425-01226-6

Kurze und lange Laute

1 Umrahme die Bilder rot, bei denen du das **a** kurz hörst, und die Bilder grün, bei denen du das **a** lang hörst.

2 Schreibe die Wörter von Aufgabe 1 geordnet auf. Die Wörterliste hilft dir.

kurzes betontes a	langes betontes a

© Diesterweg ISBN 3-425-01226-6

1 Kennzeichne das kurz gesprochene **ü** oder **e** durch einen Punkt ⊙, das lang gesprochene durch einen Strich ⊖. Schreibe die Wörter auf.

ü 

ü 

ü 

ü 

e 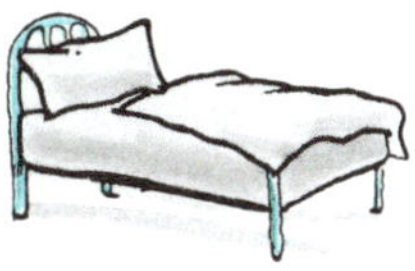

e 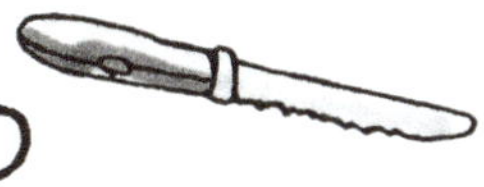

e 

e 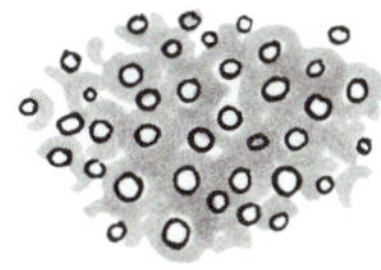

2 Sprich die Wörter und höre auf den betonten Selbstlaut oder Umlaut.

Sch**a**ll - Str**a**ße - V**a**se - h**a**rt - F**e**hler - T**e**xt - bequ**e**m - W**e**cker
H**i**tze - M**ie**te - M**i**tte - Masch**i**ne - K**o**mpass - **o**ffen - bl**o**ß - Str**o**m
Fl**u**g - F**u**chs - Geb**u**rt - Nat**u**r - qu**ä**len - kr**ä**ftig - P**ä**sse - erkl**ä**ren
pl**ö**tzlich - str**ö**men - st**ö**ren - L**ö**ffel - M**ü**ll - s**ü**ß - gr**ü**ßen - Gl**ü**ck

3 Ordne die Wörter von Aufgabe 2 in die richtige Spalte ein.

	lang gesprochener Selbstlaut oder Umlaut	kurz gesprochener Selbstlaut oder Umlaut
a	Straße,	Schall,
e		
i		
o		
u		
ä		
ö		
ü		

 ISBN 3-425-01226-6

Doppelte Mitlaute

1 Auf dem Dachboden gibt es viel zu entdecken. Sprich die Wörter so, dass du den doppelten Mitlaut in den Silben hören kannst: Ted-dy, Bag-ger, Pup-pe, Mes-ser, ...

2 Schreibe die Wörter mit den doppelten Mitlauten auf.

3 Arbeite mit der ABC-Liste: Brille, Messer, Schlüssel, Tasse, Teller

4 Schreibe die Wörter von Aufgabe 2 in Silben getrennt auf.
Male die getrennten Mitlaute gelb an.

5 Schreibe mit den Wörtern von Aufgabe 2 eigene Sätze.
Du kannst auch deinen Computer benutzen.

© Diesterweg ISBN 3-425-01226-6

1 Setze die Silbenbögen farbig unter die Wörter und sprich die Silben laut mit.

stimmen - kennen - klettern - immer - Tasse - Gewitter - Tanne - sammeln

besser - Diskette - wissen - innen - Nummer - Donner - Flüsse - schütteln

2 Ordne die Wörter von Aufgabe 1 richtig ein.

mm	nn	ss	tt

3 Schreibe die Wörter von Aufgabe1 in Silben getrennt auf: stim - men, ken - nen, ...

4 Verbinde die zusammengehörenden Silben mit Strichen und schreibe die Wörter auf.

hof	le	Mit	sig
Quel	fen	flüs	tag
pas	ze	of	nen
Skiz	sen	bren	fen

5 Arbeite mit der ABC-Liste: besser, brennen - brannte, Diskette, Donner, donnern, Gewitter, immer, kennen - kannte, klettern, Mittag, Nummer, offen, öffnen, Quelle, sammeln, schütteln, Skizze, stimmen, Tanne

© Diesterweg ISBN 3-425-01226-6

1 Bilde die Mehrzahl und trenne anschließend.

Einzahl:	**Mehrzahl:**	**Wir trennen:**
das Bett	die Betten	Bet-ten
der Stamm		
das Programm		
der Stoff		
die Nuss		
der Kompass		

2 Setze das passende Wort ein und verlängere wie im Beispiel.

fett - glatt - dünn - dumm

Die Wurst ist fett. – die fette Wurst

Die Straße

Das Eis

Der Streich

3 Arbeite mit der ABC-Liste: Bett, dumm, dünn, fett, Fluss, glatt, Kompass, Nuss, Programm, Stamm, Stoff

 ISBN 3-425-01226-6

1 Schreibe zu den Bildern passende Sätze.

Feuer brennen

Biene summen

Mädchen essen

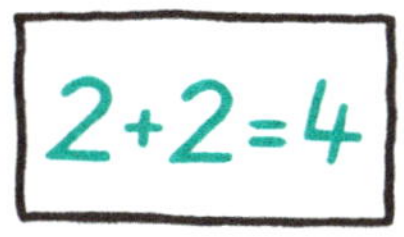

Rechnung stimmen

Das

2 Bilde sinnvolle Sätze in der Einzahl.

3 Hier kannst du die Tunwörter in der Du-Form üben.

gewinnen du

rennen

treffen

schaffen

beginnen

vergessen

© Diesterweg ISBN 3-425-01226-6

1 Finde das verwandte Namenwort oder Tunwort und schreibe es auf.

Namenwort	Tunwort	Tunwort	Namenwort
der Kamm		bitten	
der Gewinn		beginnen	
der Kuss		rollen	
der Schall		schwimmen	
der Donner		hoffen	

2 Schreibe die vier verwandten Wörter immer auf eine Quartettkarte.

fressen - öffnen - brennen - Öffnung - frisst - offen
Brennstoff - gefressen - brennt - Fressnapf - Öffner - brennbar

3 Findest du auch zu diesen Wörtern Verwandte? retten - vergessen - treffen

4 Arbeite mit der ABC-Liste: hoffen, Kamm, kämmen, Kuss, küssen, Schall

© Diesterweg ISBN 3-425-01226-6

1 Übe die Tunwörter in verschiedenen Zeitformen.

	ihr	er
essen	ihr esst	er hat gegessen
messen		
vergessen		
verbessern		
aufpassen		
küssen		
müssen		
wissen		

2 Schreibe die Sätze in der Vergangenheit auf. Achte auf den doppelten Mitlaut.

Der Wind reißt den Hut vom Kopf.

Der Hund beißt den Fremden.

Maria weiß die Antwort.

Vater gießt den Saft in das Glas.

Mutter schließt am Abend die Tür ab.

3 Arbeite mit der ABC-Liste: messen - maß, müssen, passen, vergessen

© Diesterweg ISBN 3-425-01226-6

1 Ordne die Wörter nach dem ABC.

Block - Dreck - trocken - packen - blicken - entwickeln - aufwecken
Glück - dick - Jacke - backen - schmecken - Schreck - drücken

2 Male Silbenbögen unter deine Wörter von Aufgabe 1.
Umkreise die fünf einsilbigen Wörter, die man nicht trennen kann.

3 Schreibe die Wörter von Aufgabe 1 in Silben zerlegt auf.

4 Arbeite mit den Wörtern von Aufgabe 1 in deiner ABC-Liste.

5 Male die verwandten Wörter immer mit der gleichen Farbe an.

dreckig, abtrocknen, packen, verpackt, Trockenheit,
eckig, Dreckspatz, schrecklich, Päckchen, Dreieck,
trocken, Dreck, Schreck, Ecke, erschrecken

6 Schreibe die Wortfamilien geordnet auf. Fallen dir dazu noch andere Wörter ein?

© Diesterweg ISBN 3-425-01226-6

1 Suche die im Gitterrätsel versteckten Wörter mit **tz** heraus.

waagerecht: ______________________

____

____

____

senkrecht: ______________________

____

____

S	R	S	C	H	W	I	T	Z	E	N
C	N	C	L	F	S	E	T	Z	E	N
H	P	H	E	J	E	T	Z	T	M	E
M	N	Ü	T	Z	L	I	C	H	Ü	T
U	W	T	Z	I	M	B	L	I	T	Z
T	I	Z	T	Z	U	L	E	T	Z	T
Z	T	E	E	K	R	A	T	Z	E	N
O	Z	N	G	R	G	E	S	E	T	Z

2 Hier kannst du reimen.

schwitzen	setzen	Hitze	Platz
s	verl	Sp	S

3 Bilde Sätze und schreibe sie auf. Achte auf das **tzt**.

kratzen
Tür

Heidi
spitzen

Herr Huber
putzen
Wohnung

schwitzen
Training

____

____

____

____

4 Arbeite mit deiner ABC-Liste: Blitz, blitzen, Gesetz, Hitze, jetzt, kratzen, letzte, letzter, nützlich, Schmutz, schmutzig, schützen, schwitzen, setzen, Spitze, zuletzt

© Diesterweg ISBN 3-425-01226-6

Doppelte Mitlaute, Wörter mit ck oder tz

1 Bilde zusammengesetzte Namenwörter und schreibe sie auf.

stricken – Jacke, Nadel

putzen – Lappen, Mittel

rennen – Bahn, Auto

backen – Papier, Waren

rollen – Treppe, Schuhe

essen – Tisch, Löffel

2 Auch in der Vergangenheit musst du an den doppelten Mitlaut, das **ck** oder das **tz** denken.

müssen	ich	küssen	ich
rennen	du	kennen	du
drücken	es	blitzen	es
wecken	wir	entdecken	wir
wollen	ihr	wissen	ihr
schützen	sie	blicken	sie

© Diesterweg ISBN 3-425-01226-6

3 Bilde sinnvolle Sätze in der Vergangenheit. Beispiel: Ich musste ins Krankenhaus.

1 Streiche die Silben für die Lösungswörter jeweils durch und trage dann das Wort ein.

BEL - CHEN - CKER - ES - FEL - FUT - GE - GLÜCK - HIM - IN - LEN - LICH - LIP
LÖF - MÄPP - MEL - MER - MÜT - NEN - NUM - PEN - RÜS - SCHAT - SEL - SEN
SONN - TAG - TEL - TEN - TER - TER - WE - WIT - ZE - ZET

1. Dort siehst du nachts die Sterne:
2. Das tut ein Hund:
3. Körperteil eines Elefanten:
4. Ein kleines Stück Papier:
5. Damit isst du deine Suppe:
6. Das Gegenteil von außen:
7. Darin sind deine Schreibsachen:
8. Tiere fressen, Menschen ...
9. Du wählst sie beim Telefonieren:
10. Dabei blitzt und donnert es:
11. Du bewegst sie beim Sprechen:
12. Sie wärmt deinen Kopf:
13. Das Gegenteil von traurig:
14. Er rasselt am Morgen:
15. Der Bauer bringt es dem Vieh:
16. Ein arbeitsfreier Tag der Woche:
17. Er läuft neben dir, wenn die Sonne scheint:

2 Wenn du die Buchstaben in den farbigen Kästchen liest, weißt du, was Fridolin, Amanda und Felix dir zurufen.

3 Schreibe zu diesen Wörtern selbst kleine Rätsel:
Müll, Schlüssel, Tanne, Kompass, Diskette, Skizze, Pass, Quelle

© Diesterweg ISBN 3-425-01226-6

Vorangestellte Wortbausteine

1 Die Bilder helfen dir, mit Wortbausteinen neue Tunwörter zu bilden.

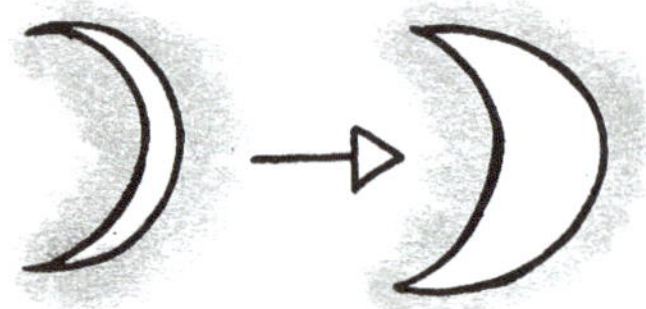

nahm | nehmen | nimmt

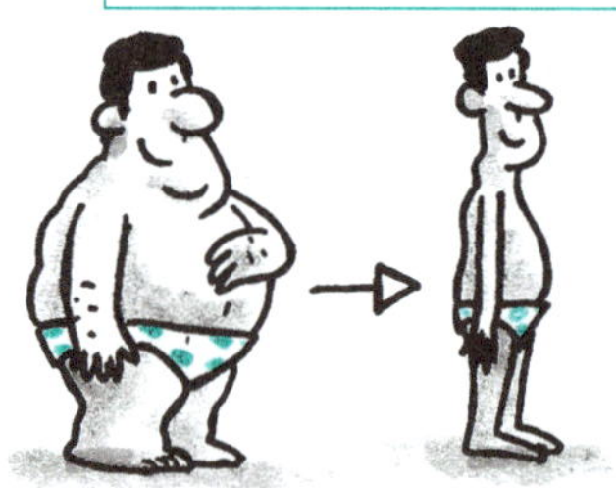

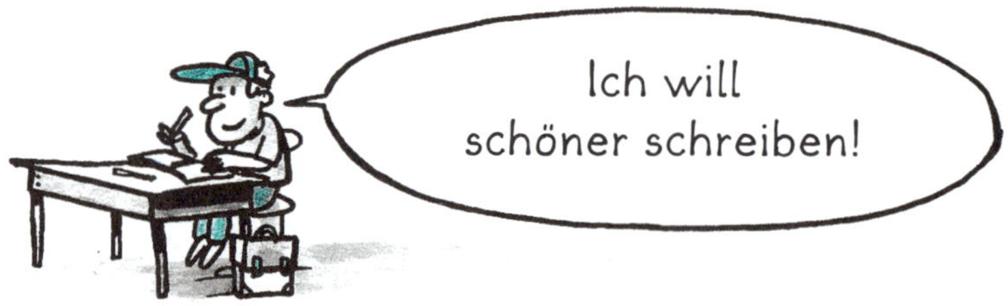

2 Schreibe zu den Bildern sinnvolle Sätze in der Gegenwart.

Der Mann nimmt

3 Schreibe die Sätze von Aufgabe 2 in der Vergangenheit auf: Der Mann nahm ...

© Diesterweg ISBN 3-425-01226-6

1 Dreimal wurde am Rad gedreht. Male jedes neu entstandene, sinnvolle Tunwort (Baustein + Tunwort) mit einer anderen Farbe an.

2 Schreibe die neu entstandenen Tunwörter auf.

3 Hast du das Besondere bei diesen Wörtern schon bemerkt? Schreibe die Wörter auf und kennzeichne die Nahtstellen farbig.

© Diesterweg ISBN 3-425-01226-6

Vorangestellte Wortbausteine

1 Hier kannst du Tunwörter mit dem Wortbaustein **ver** bilden. Setze zusammen und sprich die Wörter deutlich.

2 Schreibe die Wörter zweifarbig auf.

verändern,

3 Schreibe Sätze mit den Wörtern von Aufgabe 2.

4 Findest du das Namenwort zu den Tunwörtern?

versuchen	verwechseln
verstehen	verändern
verkaufen	verschmutzen
verdienen	verpacken
verbieten	verletzen

5 Arbeite mit der ABC-Liste: verbrennen, verletzen, verpacken, verschmutzen, verwechseln

1 So stehen die Wörter im Wörterbuch. Schreibe mit jedem Wort einen Satz.

Vorfahrt

vorgestern

Vormittag

Vorname

vorsichtig

2 Arbeite mit der ABC-Liste: Vorfahrt

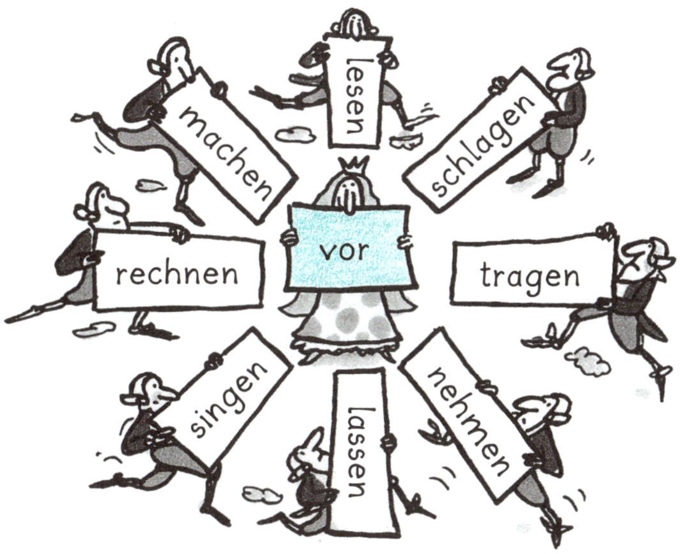

3 Schreibe die neuen Tunwörter wieder zweifarbig auf.

4 Schreibe mit jedem Tunwort von Aufgabe 3 einen Satz.

© Diesterweg ISBN 3-425-01226-6

Wörter mit ie

1 Suche zu den Wörtern die passenden Bilder und male sie an.

Klavier	vier	sieben	Liegestuhl	Spieler	Niels
Wiege	Sieb	Gießkanne	Stiefel	Zwiebel	Ziege
Sofie	Spiegel	Brief	Briefmarke	Biene	Tier

2 Schreibe jeweils mit einem der Tunwörter und einem Bild von Aufgabe 1 einen Satz.

meckern - sammeln - putzen - spielen - schneiden

 ISBN 3-425-01226-6

1 Im Gitterrätsel haben sich viele Wörter mit **ie** versteckt. Fahre sie gelb nach und schreibe sie auf.

V	S	I	E	B	E	N	O	T	A	S	V	I
I	C	K	N	V	E	R	B	I	E	T	E	N
E	H	R	I	D	I	E	S	E	G	I	R	Z
L	W	I	E	G	E	N	C	F	R	E	L	I
N	I	E	M	A	L	S	H	M	S	L	I	E
U	E	C	A	L	B	E	I	S	P	I	E	L
G	R	H	N	I	B	I	E	G	E	N	R	V
L	I	E	D	E	R	N	F	K	R	I	E	G
E	G	N	L	B	T	M	I	E	T	E	N	R

waagerecht:

senkrecht:

2 Bilde zusammengesetzte Namenwörter. Welches Bild passt zu welchem Wort?

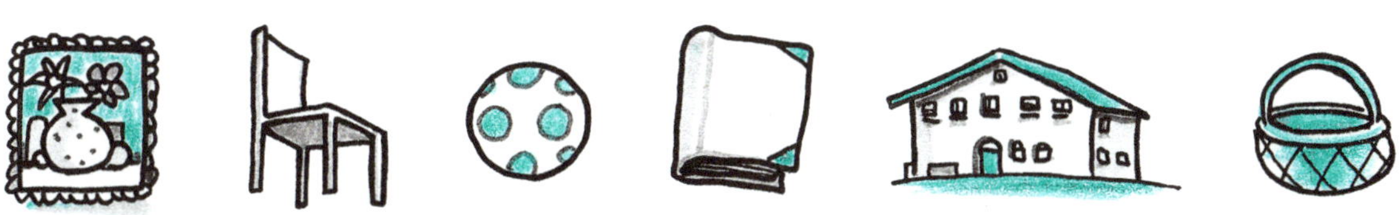

Papier - Spiegel - Liege - Lieder - Spiel - Tier

Wörter mit ie

1 Setze die Tunwörter richtig ein.

Ich muss die Blumen ______________.

Die Zugvögel ______________ nach Afrika.

Papa ______________ den Kinderwagen.

Ich ______________ gegen Pedro.

Diesen Blödsinn ______________ ich euch.

Bei dieser Kälte ______________ ich schrecklich.

Es ______________ nach angebranntem Essen.

Das Wasser ______________ in den Kanal.

Die Marktfrau ______________ die Erdbeeren.

2 Übe mit den Sätzen von Aufgabe 1 das richtige Aufschreiben.

3 Viele Tunwörter haben die Endung **-ieren**. Verbinde die Sätze mit dem richtigen Wort.

Ich mache ein Foto von dir.
Ich erkundige mich.
Ich rede am Telefon.
Wir gehen am Fluss entlang.

telefonieren
spazieren
fotografieren
informieren

4 Verwende die Tunwörter mit **-ieren** in eigenen Sätzen.

© Diesterweg ISBN 3-425-01226-6

1 Lies die Wortpaare laut und präge sie dir gut ein.

laufen	– ich lief	treiben	– sie trieb	schreien	– er schrie
rufen	– ich rief	bleiben	– sie blieb	halten	– er hielt
schlafen	– ich schlief	reiben	– sie rieb	steigen	– er stieg
lassen	– ich ließ	schreiben	– sie schrieb	schweigen	– er schwieg
stoßen	– ich stieß	scheinen	– sie schien	fallen	– er fiel

2 Schreibe die Sätze in der Vergangenheit auf.

Der Bauer treibt das Vieh auf die Wiese.

Das verletzte Kind schreit laut.

Sahin schreibt den Text fehlerfrei auf.

Eva stößt sich den Kopf an der Kante.

Peter fällt vom Baum.

Mein Onkel lässt mich mitfahren.

 ISBN 3-425-01226-6

Anredefürwörter

1 Setze die Fürwörter richtig ein. Schreibe den Brief dann auf.

Lieber Robert,

nun liegst _____ schon seit vier Tagen im Krankenhaus. Ich kann _____ leider nicht besuchen, darum will ich _____ einen Brief schreiben. Dass _____ _____ beim Skifahren _____ Bein gebrochen hast, tut mir sehr leid. Ich wünsche _____ gute Besserung,

_____ Freund Marco

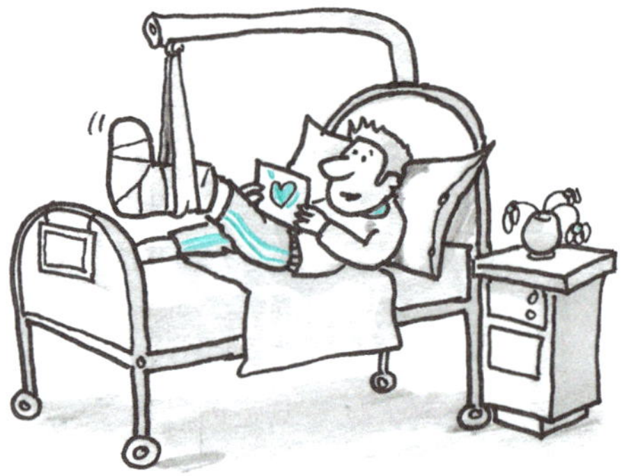

2 Setze die Fürwörter richtig ein. Schreibe den Brief auf.

Sehr geehrter Herr Bürgermeister,

heute kommen wir mit einem Problem zu _____ . _____ kennen ja unseren Pausenhof. Er bietet uns kaum Möglichkeiten zum Spielen. Nun möchten wir _____ und _____ Gemeinderat bitten, uns zwei Tischtennisplatten zu genehmigen. _____ dürfen auch gern gegen einen _____ Gemeinderäte das Eröffnungsspiel machen.

Mit freundlichen Grüßen

_____ Klasse 3 a

1 Setze aus den Silben die Namenwörter für die Bilder zusammen.

BEL - BER - BI - BI - DIL - GER - KI - KI - KO - KRO - LO - NO- TI

2 Hänge die passende Endung an und schreibe die Wörter auf.

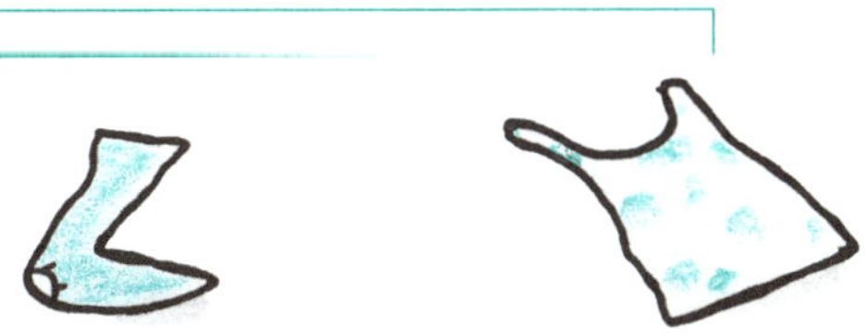

© Diesterweg ISBN 3-425-01226-6

Merkwörter mit v/V

1 Setze aus den Silben die Wörter richtig zusammen.

eck - kan - lo - pul - se - va - ver - vier - vul

 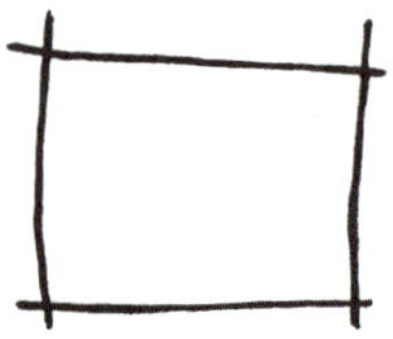  

2 Setze die Wörter zusammen.

Vanille – Eis, Pudding, Zucker, Soße

Vogel – Haus, Futter, Käfig, Scheuche

3 Schreibe die Rechnung mit Wörtern.

4 + 40 + 400 = 444

4 Arbeite mit der ABC-Liste: brav, Vase

© Diesterweg ISBN 3-425-01226-6

1 Die Wörterschlange frisst den Apfel. Dadurch entstehen neue Wörter. Schreibe sie auf und achte auf die Groß- und Kleinschreibung!

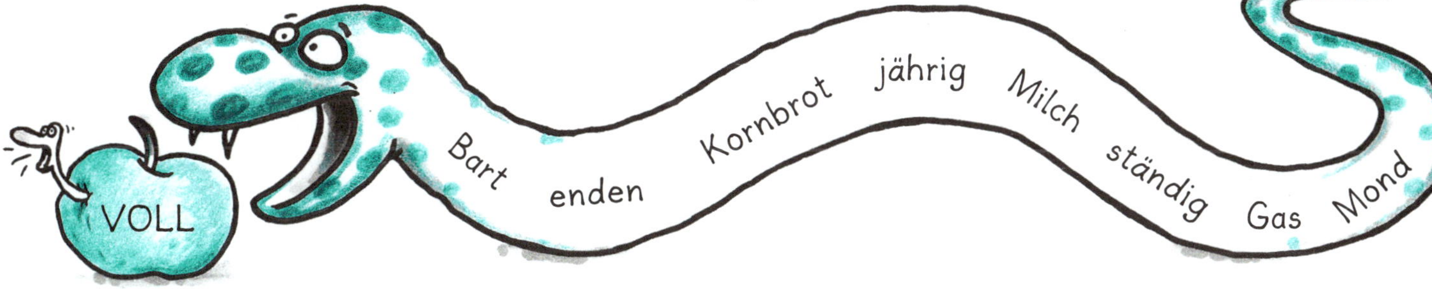

2 Bilde Sätze mit **viel**.

a)

b)

c)

a)

b)

c)

© Diesterweg ISBN 3-425-01226-6

3 Übe mit diesen Wörtern das richtige Aufschreiben.

Verkehr
Verkehrszeichen

Versammlung
Vergesslichkeit
Verschmutzung

Vorbild
Vorführung
Vormittag

Vorfahrt
Vorfahrtstraße
Vorsicht

4 Arbeite mit der ABC-Liste: viel, voll, vollständig

1 Ordne die Wörter in den richtigen Turm ein.

See - Zoo - Haare - Schnee - Moos - Waage - Tee - Kaffee - Boot
Saal - Meer - leer - Aal - ein paar

2 Arbeite mit der ABC-Liste: Kaffee, leer, Meer, Moos, (ein) paar, (das) Paar, Waage, Zoo

3 Setze die passenden Wörter von Aufgabe 1 in die Geschichte ein.

Wir fuhren am Sonntag ans ________. Der Strand war fast ________. Nur ________ Fischer mit ihren ________ waren zu sehen. Sie hatten ________ gefangen. Die Fische wurden auf einer ________ gewogen. Papa fand ________igel und ________sterne. Später gingen wir in ein Gasthaus und tranken Früchte________ und ________.

4 Mache mit der Aufgabe 3 ein Aufschreibtraining.

1 Bilde zusammengesetzte Namenwörter und schreibe sie auf.

Schnee – Ball, Flocken, Mann, Glöckchen

Haar – Spange, Farbe, Bürste, Pflege

2 Setze die Wörter zusammen. Die Puzzleteile helfen dir dabei.

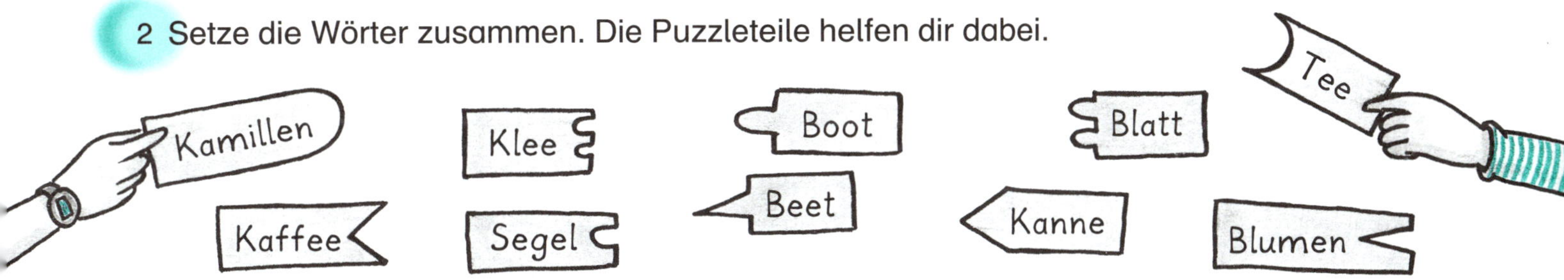

Blumen + Beet →

3 Denke daran: ein Paar = zwei und ein paar = einige. Schreibe richtig auf.

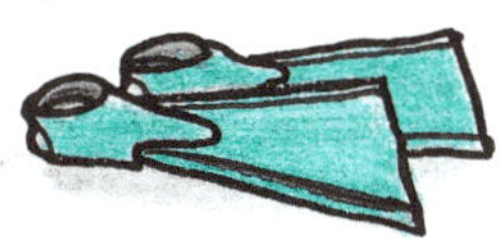

ein Paar

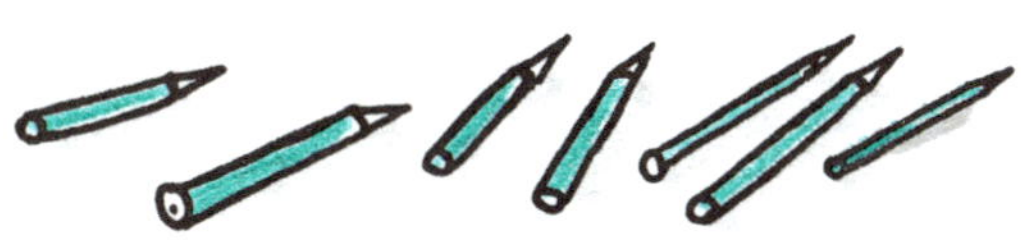

 ISBN 3-425-01226-6

Nachdenkwörter mit ä

1 Schreibe zu den Mehrzahlwörtern mit **ä** das Einzahlwort mit **a**.

die Gräser das Gras

die Pässe

die Länder

die Strände

die Wälder

die Späße

die Städte

die Nähte

2 Im Gitterrätsel haben sich Namenwörter mit **ä** versteckt. Fahre die Wörter bunt nach und schreibe sie dann in der Mehrzahl und Einzahl auf.

S	N	Ä	C	H	T	E	M	I	S	E
T	Z	Ä	H	N	E	R	Ä	M	T	P
Ä	E	B	Ä	N	D	E	R	V	Ä	L
M	R	Ä	D	E	R	L	N	G	L	Ä
M	I	D	H	Ä	N	G	E	X	L	N
E	T	E	K	Ä	M	M	E	G	E	E
I	D	R	Ä	H	T	E	B	U	V	S

waagerecht: Nächte – Nacht,

senkrecht:

3 Arbeite mit der ABC-Liste: Pass, Spaß, Stadt

© Diesterweg ISBN 3-425-01226-6

1 Suche das verwandte Wort mit **a** und schreibe es auf.

Namenwort	Tunwort	Tunwort	Namenwort
der Bäcker		färben	
die Fähre		wählen	
das Rätsel		zählen	
das Päckchen		hängen	
der Schläger		kämmen	

2 Male die verwandten Wörter mit der gleichen Farbe an.

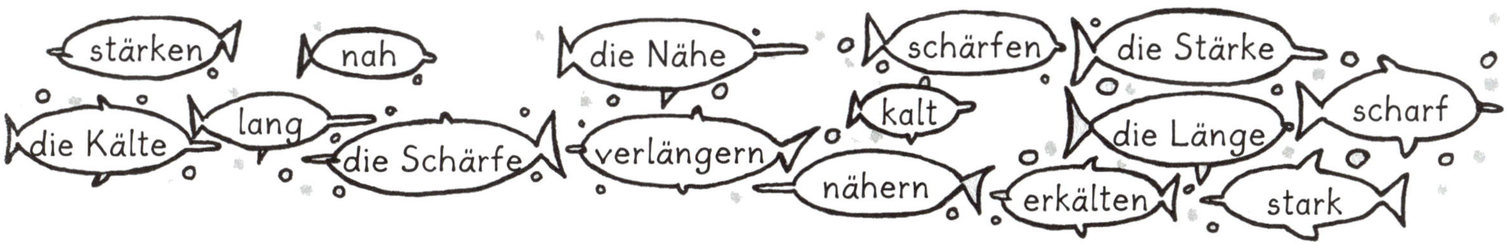

3 Schreibe die verwandten Wörter auf.

kalt, erk

4 Verbinde die verwandten Wörter.

Jäger	schaffen
Stängel	jagen
Geschäft	Stange
Nässe	packen
Päckchen	nass

erklären	Gefahr
gefährlich	nach
ändern	klar
nächste	Kraft
kräftig	anders

5 Präge dir immer ein Wortpaar ein und schreibe es auf. Male **ä** und **a** farbig an.

© Diesterweg ISBN 3-425-01226-6

Nachdenkwörter mit ä

1 Bilde aus den Wörtern jeder Zeile einen sinnvollen Satz.

plötzlich	fallen	Christian	Stuhl
morgens	austragen	Zeitungsfrau	Zeitungen
am Nachmittag	backen	Oma	Plätzchen
beim Schulfest	halten	Rektor	Rede
heute	fahren	Familie Wild	Urlaub
bei uns	waschen	Waschmaschine	Wäsche
vielleicht	verraten	Freund	Lösung
jeden Tag	fangen	Katze	Mäuse

2 Bilde mit den vier Spalten lustige Sätze. Bsp.: *Oma wäscht heute die Mäuse.*

 ISBN 3-425-01226-6

1 Schreibe die Namenwörter mit **ä** unter die Bilder.

2 Kontrolliere die Namenwörter von Aufgabe 1 mit deiner Wörterliste.

3 Auch diese Wörter mit **ä** müssen wir uns einprägen.

Lärm - spät - mähen - Märchen - krähen - während

4 Setze die Wörter von Aufgabe 3 richtig ein.

Oma erzählt uns ein ________. Bei ________ kann ich nicht gut arbeiten. Wie ________ ist es? Der Hahn ________ früh am Morgen.

________ der Ferien besuche ich meine Freundin.

Der Bauer ________ die Wiese.

5 Arbeite mit der ABC-Liste: Käfer, Käse, Lärm, spät, Träne, während

6 Übe mit den Sätzen von Aufgabe 4 das richtige Aufschreiben.

© Diesterweg ISBN 3-425-01226-6

Nachdenkwörter mit äu

1 Kennst du die Einzahl? Schreibe sie auf.

die Zäune	______	die Mäuse	______
die Träume	______	die Läuse	______
die Bäume	______	die Bäuche	______
die Räume	______	die Sträuße	______
die Häuser	______	die Kräuter	______

2 Du findest die Wortpaare sicher leicht. Male sie mit der gleichen Farbe an.

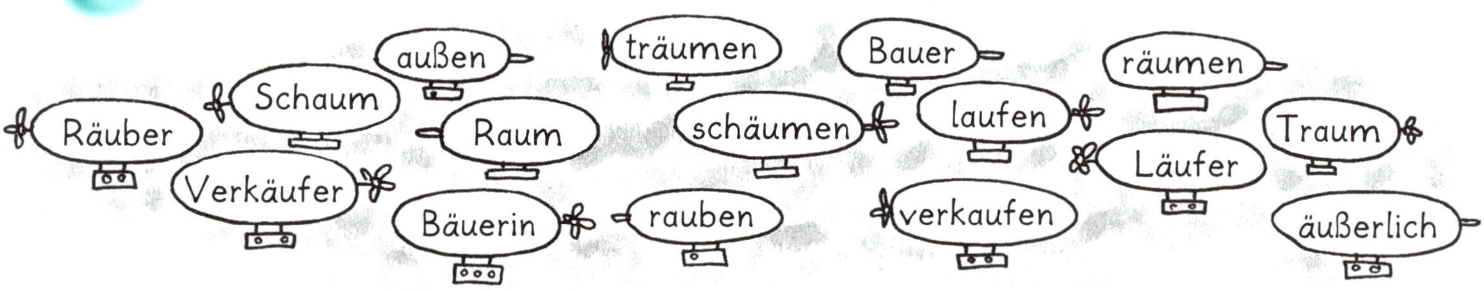

3 Präge dir immer ein Wortpaar ein und schreibe es auswendig auf.

räumen – Raum,

______

______

______

4 Bilde Sätze, in denen Wörter mit **äu** vorkommen.

© Diesterweg ISBN 3-425-01226-6

1 Welche Wörter passen zusammen? Verbinde sie.

Gebäude	Haufen	Bräutigam	saugen
häufig	bauen	säubern	rauschen
bräunen	laut	Geräusch	sauber
läuten	braun	Säugling	Braut

2 Schreibe die Wortpaare von Aufgabe 1 auf.

3 Setze die passenden Wörter aus der Wörterschlange ein.

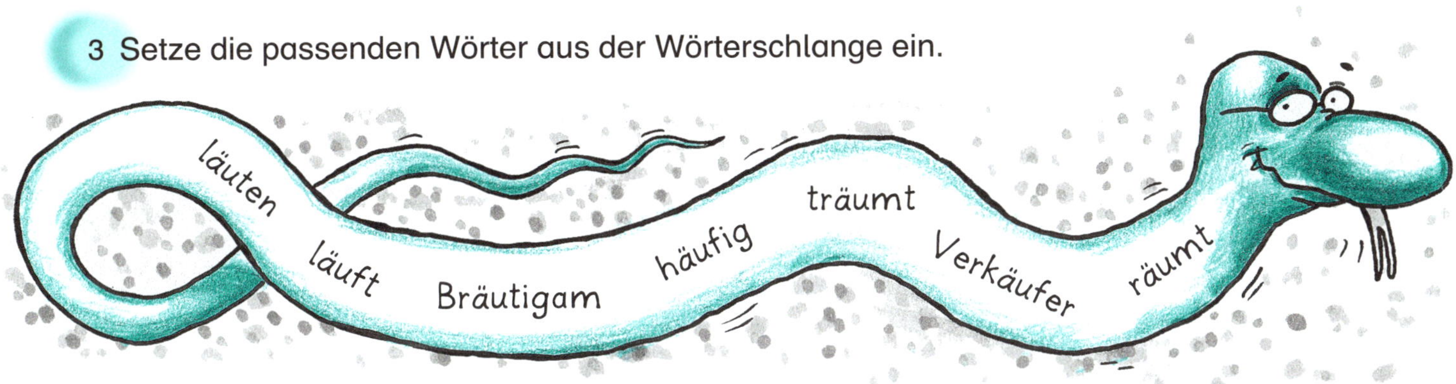

Die Glocken ______. Die Braut und der ______ betreten die Kirche. Jonas ______ zum Spielplatz. Uta kommt ______ zu spät. Der ______ bedient uns gut. Daniel ______ sein Zimmer auf. In der Nacht ______ Fatma von Dinosauriern.

4 Schreibe mit den Wörtern aus der Wörterschlange eigene Sätze.

© Diesterweg ISBN 3-425-01226-6

Nachdenkwörter mit eu

1 Im Gitterrätsel haben sich Wörter mit **eu** versteckt. Fahre sie bunt nach.

2 Schreibe die Wörter auf. Achte dabei auf die Groß- und Kleinschreibung!

D	E	U	T	S	C	H	L	A	N	D
E	L	E	U	T	E	T	E	U	E	R
U	F	A	H	R	Z	E	U	G	U	S
T	E	U	R	O	P	A	C	H	N	I
L	U	U	T	E	S	C	H	E	U	T
I	E	F	E	U	C	H	T	U	G	R
C	R	A	M	L	P	H	E	U	T	E
H	U	L	Z	E	U	G	N	I	S	U

waagerecht: ______

______

______

______

______

______

senkrecht: ______

______

______

3 Verwende einige Wörter von Aufgabe 2 in eigenen Sätzen.

______

______

______

© Diesterweg ISBN 3-425-01226-6

1 Schreibe die verwandten Wörter immer auf eine Quartettkarte.

freuen - ankreuzen - neu - Freund - deutlich - Kreuzung - Freude - Freundschaft
andeuten - erneuern - erfreut - Kreuz - Neuigkeit - freundlich - Deutlichkeit
neugierig - Freudentanz - Gipfelkreuz - undeutlich - Freundin

2 Auch das Reimen hilft beim Richtigschreiben. Sprich die Reimwörter deutlich.

Leute	euer	neu	Eulen
h	F	tr	h
B	St	sch	B

3 Hier kannst du zusammengesetzte Namenwörter bilden.

Feuer → Alarm, Wehr, Löscher, Melder

Europa → Fahne, Hymne, Rekord, Meister

fahren, flicken, werken, spielen → Zeug

© Diesterweg ISBN 3-425-01226-6

1 Lies die Radiomeldung. Unterstreiche die Wiewörter mit dem Wortbaustein **-ig**.

Das Wetter wird morgen sonnig, aber sehr windig.
Wo es schattig ist, sind die Straßen eisig.
Fahren Sie vernünftig und vorsichtig!

2 Bilde aus den Namenwörtern mit dem Wortbaustein **-ig** Wiewörter. Mache dann das **g** durch eine Verlängerung hörbar.

Riese								→ ein	______	Ballon
Dreck								→ ein	______	Hemd
Fleiß								→ ein	______	Schüler
Lust								→ ein	______	Spiel
Ruhe								→ ein	______	Platz
Gift								→ ein	______	Pilz
Kraft								→ ein	______	Stoß

3 Schreibe mit den Wiewörtern von Aufgabe 2 eigene Beispiele.

ein riesiges Zelt,

______

______

______

© Diesterweg ISBN 3-425-01226-6

1 Die Wörtermaschine macht aus Namenwörtern Wiewörter. Schreibe die Wiewörter auf.

– Glück – Frieden – Fest – Herz – Gefahr – Ehre – Punkt – Schrecken

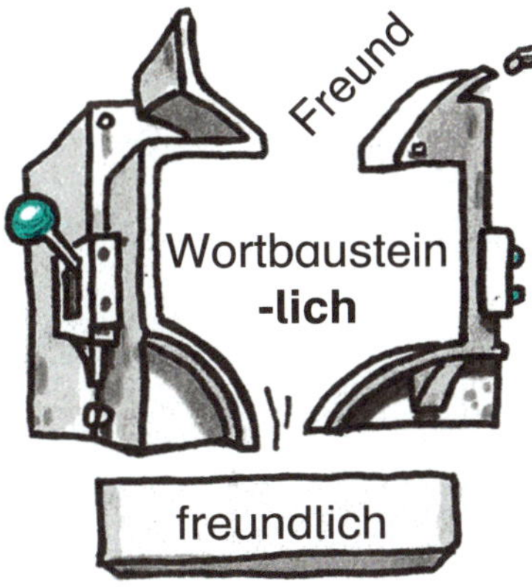

freundlich,

2 Setze Wiewörter von Aufgabe 1 ein.

Eine ______ Verkäuferin bediente uns. Der ______ Gewinner bekam 1000 Euro. Das ist eine ______ Kreuzung. Anna hatte einen ______ Traum. Der ______ Finder gab das Geld im Fundbüro ab. Ich schicke dir ______ Grüße.

3 Markiere in den Sätzen von Aufgabe 2 deine Aufpass-Stellen und sprich dazu.

4 Lass dir den Text von Aufgabe 2 diktieren und korrigiere ihn anschließend sorgfältig.

5 Schreibe mit den Wörtern einen Satz.

fröhlich ______

deutlich ______

endlich ______

täglich ______

6 Arbeite mit der ABC-Liste: ehrlich, fröhlich, gefährlich, glücklich, schrecklich

© Diesterweg ISBN 3-425-01226-6

Silbentrennendes h

1 Sprich die Tunwörter ganz deutlich in Silben.

ge hen
ge sche hen
dre hen

mä hen
krä hen
nä hen

zie hen
flie hen
ru hen

blü hen
glü hen
lei hen

2 Welches Tunwort von Aufgabe 1 fehlt? Schreibe Sätze auf.

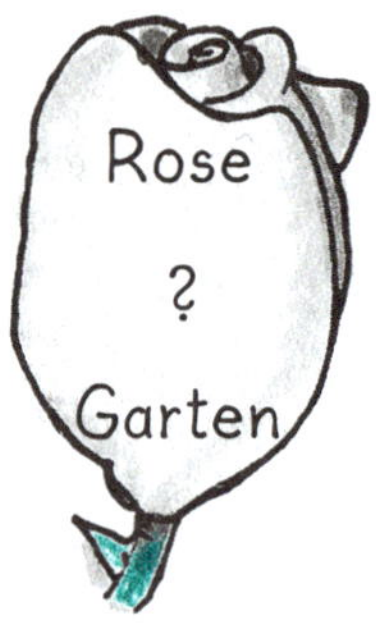

 ISBN 3-425-01226-6

3 Auch hier musst du an die Grundform denken.

Gehsteig *gehen + Steig*   Drehtür ______

Glühbirne ______   Stehplatz ______

1 Sprich die Namenwörter in der Einzahl und Mehrzahl. Schreibe dann die Mehrzahl auf.

2 Schreibe immer das Gegenteil auf.

das gekochte Ei - roh:

der späte Zug - früh:

die entfernte Haltestelle - nah:

das traurige Kind - froh:

3 Sage es kürzer mit einem zusammengesetzten Namenwort.

eine Mahlzeit, die man früh am Morgen isst

eine Jahreszeit, die früh im Jahr kommt

ein Stall, in dem Kühe stehen

ein Schrank für die Schuhe

Merkwörter mit Dehnungs-h

1 Ordne den Inhalt der Wörtersäcke richtig ein.

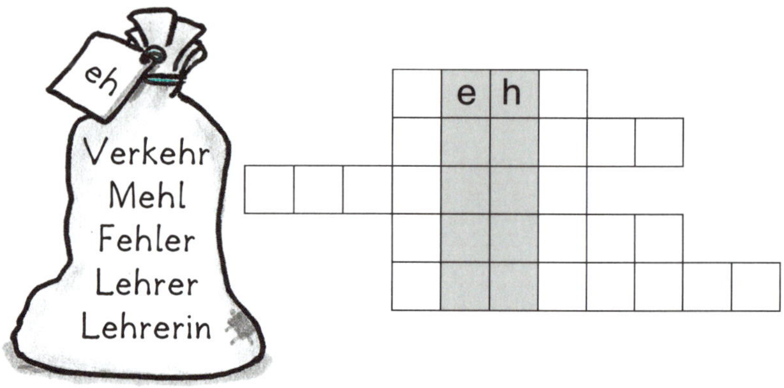

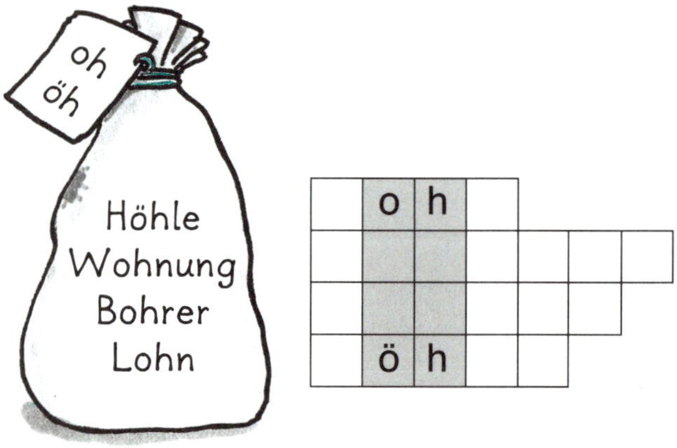

2 Arbeite mit den Wörtern von Aufgabe 1 in der ABC-Liste.

3 Verwende die Wörter von Aufgabe 1 in eigenen Sätzen.

4 Durch Reimen kannst du dir neue Wörter einprägen.

Bahn	Wahl	Fahne	Lohn	Gefahr
Z	Z	S	S	J

1 Im Gitterrätsel haben sich kleingeschriebene Wörter mit einem stummen **h** versteckt.

W	A	H	R	O	M	E	H	R	K	Ü	H	L
O	E	R	Z	Ä	H	L	E	N	F	E	M	F
S	B	F	A	H	R	E	N	E	R	H	I	Ü
E	O	O	H	N	E	L	A	H	Ö	R	W	H
H	H	X	L	L	L	O	H	M	H	L	Ä	L
R	R	K	E	I	I	H	M	E	L	I	H	E
Z	E	H	N	C	U	N	A	N	I	C	L	N
O	N	W	Ä	H	R	E	N	D	C	H	E	T
G	E	F	Ä	H	R	L	I	C	H	A	N	O

waagerecht:

senkrecht:

2 Arbeite mit der ABC-Liste: ähnlich, bohren, fühlen, kühl, mehr, ohne, sehr, wählen

3 Verbinde das Namenwort mit dem passenden Tunwort.

Geschichte ☆	☆ Teig	Geld ☆	☆ Rad	Rechnung ☆	☆ Nummer
rühren ☆	☆ erzählen	fahren ☆	☆ zählen	wählen ☆	☆ bezahlen

4 Schreibe mit jedem Wortpaar einen Satz.

© Diesterweg ISBN 3-425-01226-6

Merkwörter mit ß

1 Lies die Wörter deutlich und markiere den lang gesprochenen Laut mit dem **ß**.

grüßen - außen - fleißig - Maß - bloß - Straße - schließlich - süß
fließen - draußen - beißen - gießen - Strauß

2 Ordne die Wörter von Aufgabe 1 nach dem ABC.

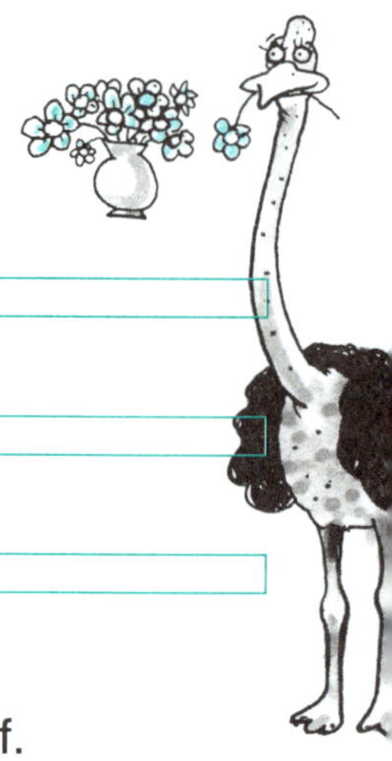

3 Male die verwandten Wortpaare mit der gleichen Farbe an und schreibe sie auf.

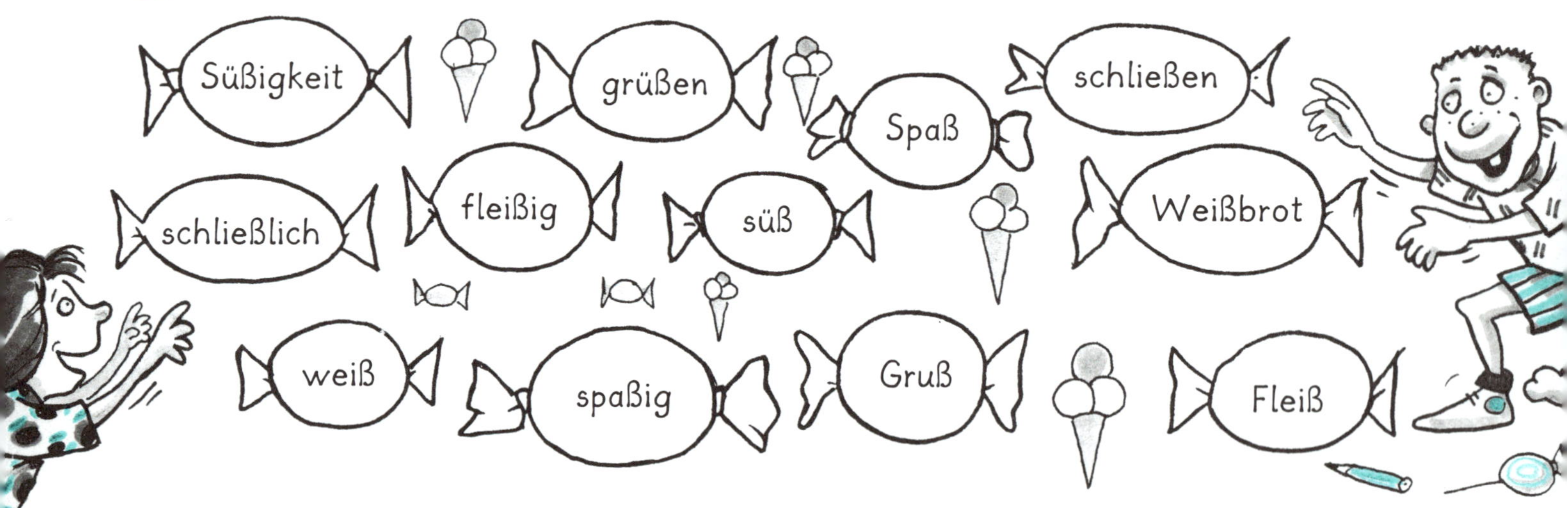

4 Arbeite mit der ABC-Liste: außen, bloß, Fleiß, fleißig, gießen, schließen, Straße, Strauß, süß, Süßigkeit

© Diesterweg ISBN 3-425-01226-6

ähnlich	blicken	Christ	Ecke
aufwecken	Blitz blitzen	Clown	ehrlich
außen	Block	dick	entwickeln
Baby	bloß	Diskette	essen isst, aß
backen	bohren Bohrer	Donner donnern	fahren fuhr
Bahn	Boot	Draht	Fehler
beginnen begann	brav	Dreck	fett
beißen biss	brennen brannte	drücken	Fleiß fleißig
besser	Brille	dumm	fließen floss
Bett	Brücke	dünn	Fluss

© Diesterweg ISBN 3-425-01226-6

fressen fraß	glatt	immer	Kompass
fröhlich	Glück glücklich	Jacke	kratzen
fühlen	Gott	jetzt	kühl
Führung	grüßen	Käfer	Kuss küssen
Gefahr gefährlich	Haare	Kaffee	Lärm
Gefühl	Handy	Käfig	lassen ließ
Gesetz	Hitze	Kamm kämmen	leer
gewinnen gewann	hoffen	Käse	Lehrer Lehrerin
Gewitter	Höhle	kennen kannte	letzte letzter
gießen	Huhn	klettern	Löffel

© Diesterweg ISBN 3-425-01226-6

Lohn	Müll	packen	schließen
Mädchen	müssen	Pass	Schlüssel
Mai	Nahrung	passen	schmecken
Meer	nehmen nimmt, nahm	Programm	Schmutz schmutzig
Mehl	Nummer	Quelle	Schreck schrecklich
mehr	Nuss	reißen riss	schütteln
messen maß	nützlich	rennen rannte	schützen
Messer	offen öffnen	rollen	schwitzen
Mittag	ohne	sammeln	See
Moos	(ein) paar (das) Paar	Schall	sehr

setzen	Straße	trocken	voll vollständig
Skizze	Strauß	Vase	Vorfahrt
Sonntag	Stuhl Stühle	verbrennen	Waage
Spaß	süß Süßigkeit	vergessen	Wahl wählen
spät	Tanne	Verkehr	während
Spitze	Tasse	verletzen	wissen wusste
Stadt	Taxi	verpacken	wohnen Wohnung
Stamm	Teller	ver- schmutzen	Zahl
stimmen	Träne	verwechseln	Zoo
Stoff	treffen trifft	viel	zuletzt

 ISBN 3-425-01226-6

links
Lippen
Löffel
Lohn, belohnen
Lust, lustig

M

Mädchen
Magnet
mähen
Mai
Mann, Männer
Mäppchen, Mappe
Märchen
März
Maschine
Maß
Medien
Medizin
Meer
Mehl
mehr, Mehrzahl
messen, misst, maß
Messer
Meter
Miete, mieten
Mittag, Mitte
Mittwoch
mixen, Mixer
Moos
Müll
müssen
Mutter
Mütze

N

nach, nächste
Nachbar
nah, Nähe
nähen, Naht
Nahrung, ernähren
nass, Nässe
Natur, natürlich
nehmen, nimmt, nahm, genommen
Netz
neu, neugierig
nicht, nichts
nie
niemals
niemand, niemanden
Nummer, nummerieren
Nuss
nützen, nützlich

O

ob
offen, öffnen
ohne
Ohr
ordnen, Ordnung

P

(ein) paar, (das) Paar
Päckchen, packen
Paket
Papier
Pass, Pässe
passen
Pflanze, pflanzen
Pilz
Plan, Pläne
Platz, Plätze
plötzlich
Programm
Pullover
Punkt, pünktlich
Puppe
putzen

Qu

Quadrat
Qual, quälen
quatschen
Quelle
quer, überqueren

R

Rad, Räder
Radio
Rakete
raten, Rätsel
rechts
Recycling
Reh, Rehe
reiben, rieb
Reise, reisen
reißen, riss
rennen, rannte
richtig
riechen, roch, Geruch
Riese, riesig
roh, rohe
rollen, Roller
rufen, rief
Ruhe, ruhig
rühren
Rüssel

S

Sack, Säcke
Säge
sammeln, Sammlung
Satz, Sätze
Schall
schalten, Schalter
scharf, Schärfe
Schatten, schattig
Schaum, schäumen
scheinen, schien
scheu
schieben, schob
schief
schimpfen
schlafen, schlief
schlagen, Schläger
schließen, schloss
schließlich
Schlitten
Schlüssel
schmecken, Geschmack
Schmutz, schmutzig
Schnee
Schrank
Schreck, schrecklich, erschrecken
Schrei
schreiben, schrieb
schreien, schrie
Schuh, Schuhe
Schüssel
schütteln
Schutz, schützen
Schwan, Schwäne
schweigen, schwieg
Schwester
schwierig, Schwierigkeit
schwimmen, schwamm, geschwommen
schwitzen
See
sehen, sieht, sah
sehr
seit
setzen, besetzt
Sieb, Siebe
sieben
sitzen, saß
Skizze, skizzieren
Sohn
Sonntag
Spange
Spaß, Späße
spät, verspäten
spazieren, Spaziergang

fallen, fiel
Farbe, färben
Fehler, fehlerfrei
Ferien
fernsehen,
sieht fern, sah fern
Fernseher
fertig
fett, Fett
feucht, Feuchtigkeit
Feuer
Fichte
Fisch
Fleiß, fleißig
fliegen, flog
fließen, floss
Floh, Flöhe
Flöte
Flug, Flüge,
Flugzeug
Fluss, Flüsse
Flüssigkeit
Foto, fotografieren
Frau
frei, Freiheit
fremd, fremde
fressen, frisst, fraß
Freude, freuen
Freund, freundlich
Frieden, friedlich
frieren, fror
froh
fröhlich,
Fröhlichkeit
früh
Frühling
Frühstück
Fuchs
fühlen, Gefühl
führen, Führung
füllen, Füller
Futter, füttern

G

Gans, Gänse
ganz, ganze,
ganzer
Gebäude, bauen
geben, gibt, gab
Geburt, Geburtstag
Gefahr, gefährlich
Gefühl
geheim, Geheimnis
gehen, ging
Geld, Gelder
Gemeinde
Geschäft, schaffen
geschehen,
geschieht,
geschah
Geschenk
Gesetz
gesund, gesunde
Getränk
gewinnen, gewann,
gewonnen
Gewitter
gießen, goss
Gift, giftig
Glas, Gläser
glatt, Glätte
Glück, glücklich
glühen
Gott
groß
Gruß, grüßen

H

Haare
halten, hielt
Handy
Hang, hängen
hart, härter
Haufen, häufig
Hecke
Heft
heizen, Heizung
Herbst, herbstlich
herstellen,
Herstellung
Herz, herzlich
heute
Hexe
hier
Himmel
Hitze
hoffen, hoffentlich
Höhe
hohl, Höhle
Huhn
Hund, Hunde
Hunger, hungrig

I

Igel
ihm
ihn, ihnen
ihr, ihre
immer
impfen, Impfung
Information,
informieren
innen
ins
interessant,
Interesse

J

Jacke
jagen, Jäger
Jahr, jährlich
jede, jeder, jedes
jemand, jemanden
jetzt
Jugend, jugendlich
jung
Junge
Juni

K

Käfer
Kaffee
Käfig
kalt, Kälte
Kamel
Kamm, kämmen
Käse
Kastanie
Katze
kennen, kannte
Kiefer
Kind, Kinder
Kino
Kissen
klar, erklären
Klasse
klettern
Koffer
kommen, kam
Kompass
Korb, Körbe
Kraft, kräftig
krähen
kratzen
Kreuz, Kreuzung
kriechen, kroch
Krieg, Kriege
Krokodil
Kuh, Kühe
kühl, kühlen
Kuss, küssen

L

Land, Länder
lang, länger
Lärm
lassen, lässt, ließ
Laub
laut, läuten
leer
Lehrer, Lehrerin,
Lehrerinnen
leihen, lieh
lesen, liest, las
letzte, letzter
leuchten
Leute
Lexikon
lieb, lieben
Lied, Lieder
liegen, lag
Lineal

A

ab
Abend, Abende
ähnlich
alle
als
ändern, anders
Angst, ängstlich
antworten
Apfelsine
ärgerlich, ärgern
Arzt, Ärztin
Aufgabe
aufpassen
aufräumen, Raum
aufwecken, Wecker
außen

B

Baby
backen, Bäcker
Bad, Bäder
Bagger
Bahn
Band, Bänder
Bär
beginnen, begann,
begonnen
Beispiel
beißen, biss
bellen
belohnen
Benzin
beobachten
bequem
bereit, bereits
Berg, Berge
Beruf
besser
Betrieb, Betriebe
Bett
bevor
bezahlen
Bibel
Biber
biegen, bog
Biene
Bild, Bilder
Birne
bis
bisschen
Bitte, bitten
Blatt, Blätter
bleiben, blieb
Bleistift
Blick, blicken
blind, blinde
Blitz, blitzen
Block
bloß
blühen
bohren, Bohrer
Boot
boxen, Boxer
Brand, Brände
brav
Bremse, bremsen
brennen, brannte
Brett
Brief
Brille
Brücke
Bruder
bunt
Burg, Burgen

C

Christ
Clown
Computer

D

dann
Decke
denn
des
deutlich
deutsch,
Deutschland
dick
Dieb, Diebe
dies, diese, dieser
Diskette
Donner, donnern
Draht, Drähte
draußen
Dreck, dreckig
drehen
Druck, drücken
dumm, Dummheit
dünn
durch
Durst, durstig

E

Ecke, eckig
Ehepaar
ehrlich
eigentlich
Eltern
empfinden,
empfindlich
Ende, endlich
entdecken
entfernen,
Entfernung
entgegen
entwickeln,
Entwicklung
erklären, klar
erlauben, Erlaubnis
erleben, Erlebnis
ernähren, Nahrung
erwarten,
Erwartung
erzählen,
Erzählung
essen, isst, aß
euch, euer, eure
Eule
Europa

F

Fabrik
fahren, fuhr
Fahrrad
Fahrzeug

Spiegel, spiegeln
Spiel, spielen
Spinne
spitz, Spitze
Sport, sportlich
Spritze, spritzen
Spucke, spucken
Spur, spüren
Stab, Stäbe
Stadt, Städte
Stall, Ställe
Stamm, Stämme
Stange, Stängel
stark, stärken
steigen, stieg
stellen
Steuer, steuern
Stiefel
Stiel
still
stimmen, bestimmt
Stoff
stören, Störung
stoßen, stieß
Strafe, strafen
Strand, Strände
Straße
Strauch, Sträucher
Strauß, Sträuße
streichen
Streit, streiten
Strich
Strick, stricken
Stroh
Strom, strömen
Stück
Stuhl, Stühle
Sturm, stürmisch
süß, Süßigkeit

T

Tag, Tage, täglich
Tanne
Tasse
tausend, tausende
Taxi
Technik
Teddy
Tee
Telefon, telefonieren
Teller
Teppich
Termin
teuer
Text
Theater
tief, Tiefe
Tier
Tiger
Tomate
Träne
Traum, träumen
treffen, trifft, traf, getroffen
treiben, trieb
treu
trocken
Tüte

U

über
überqueren, quer
umkehren
ungefähr
unten, unter
Unterricht
Urlaub

V

Vanille
Vase
Veilchen
verbieten, verbot
verbrauchen
verbrennen, verbrannte
Verbrennung
Verein, vereinen
vergessen, vergisst, vergaß
verkaufen
Verkehr
verletzen, Verletzung
verlieren, verlor
verpacken, Verpackung
verschmutzen, Verschmutzung
verstehen, verstand
verwechseln
Vieh
viel
vielleicht
vier, vierzig
Viereck
Vitamine
Vogel, Vögel
voll, vollständig
vom
von
vor
Vorfahrt
vorgestern
Vormittag
Vorname
Vorsicht, vorsichtig
Vulkan

W

Waage
wachsen, wuchs
Wahl, wählen
wahr
während
Wald, Wälder
wann
Wanne
Wasser
wechseln
wecken, Wecker
Weg, Wege
Weihnachten
weiß
wenn
Werkzeug, Werkzeuge
wichtig
wie
wieder
wiegen, wog
wild, wilde
wissen, weiß, wusste
Witz
wohnen, Wohnung
wollen, will
Wurm

Z

Zahl, zählen
Zahn, Zähne
Zaun, Zäune
Zebra
zehn
zeichnen
Zeitung
Zelt
Zettel
Zeugnis, Zeugnisse
ziehen, zog
Ziel, zielen
Zoo
Zug, Züge
Zukunft, zukünftig
zuletzt
zur
zurück
zusammen
Zwerg, Zwerge
Zwiebel